Saint-Pierre et Miquelon

et les Projets de Rattachement à Terre-Neuve

PAR

CÉSAR TROUIN

DÉPUTÉ D'ORAN,

Vice-Président de la Commission de la Marine Marchande,
Membre de la Commission de la Marine de Guerre,
Ancien Vice-Président de la Commission des Affaires
Extérieures et Coloniales.

« Non, nous ne saurions ni l'abandonner, ni
mettre en litige la question de savoir si nous
avons le droit de faire étrangers, de faire sujets de l'étranger, des Français qui veulent
être Français, des hommes qui sont pour ainsi
dire la chair de notre chair et les os de nos os.

LOUIS BLANC
à l'Assemblée Nationale de Bordeaux
(Séance du 1ᵉʳ mars 1871).

PARIS

EN VENTE CHEZ L'AUTEUR ET PARTOUT

ET PAR L'OFFICE GÉNÉRAL DU CABOTAGE ET DU BORNOYAGE
16, RUE MONTMARTRE, PARIS

Saint-Pierre et Miquelon

et les Projets de Rattachement à Terre-Neuve

Saint-Pierre et Miquelon

et

les Projets de Rattachement à Terre-Neuve

PAR

CÉSAR TROUIN

DÉPUTÉ D'ORAN,

Vice-Président de la Commission de la Marine Marchande,

Membre de la Commission de la Marine de Guerre,

Ancien Vice-Président de la Commission des Affaires
Extérieures et Coloniales.

> *Non, nous ne saurions ni abandonner, ni
> mettre en litige la question de savoir si nous
> avons le droit de faire étrangers, de faire su-
> jets de l'étranger, des Français qui veulent
> être Français, des hommes qui sont, pour ainsi
> dire, la chair de notre chair et les os de nos os.*
>
> LOUIS BLANC
> à l'Assemblée Nationale de Bordeaux
> (Séance du 1ᵉʳ mars 1871).

ÉDITÉ

PAR L'ASSOCIATION DES ARMATEURS ET PATRONS DE PÊCHE
ET PAR L'OFFICE CENTRAL DU CABOTAGE ET DU REMORQUAGE
161, Rue Montmartre, PARIS.

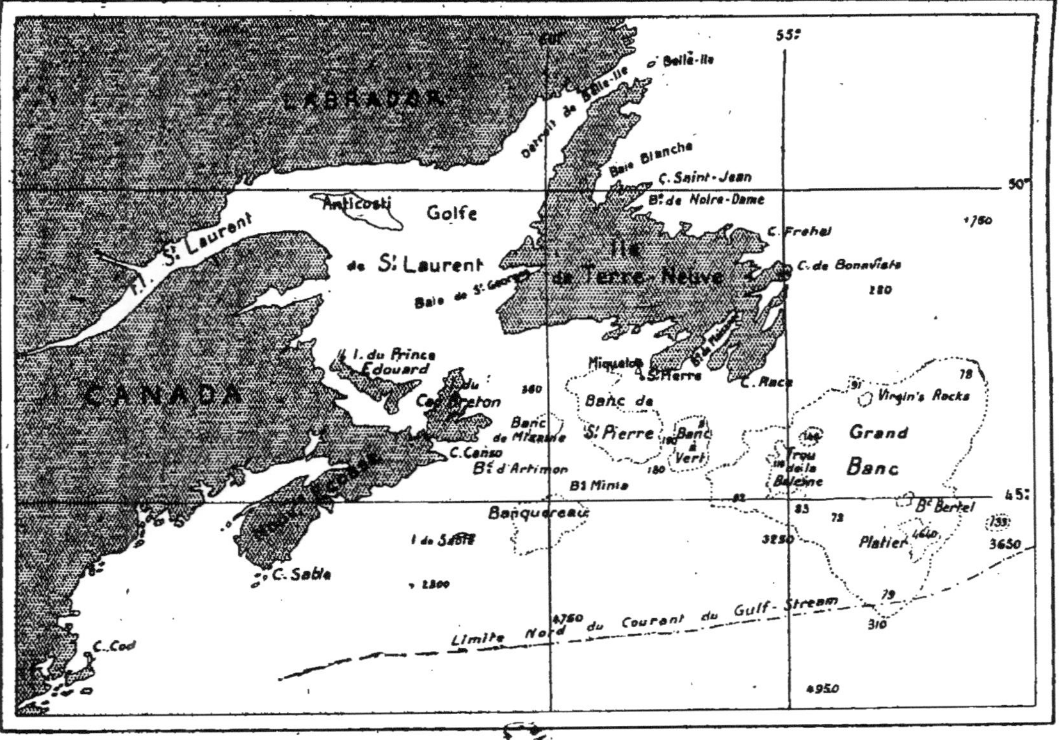

Bancs de Terre-Neuve.

AVANT-PROPOS

Les proverbes sont la sagesse des nations... Celui qui affirme « qu'il n'y a pas de fumée sans feu » nous a paru particulièrement justifié dans la question de Saint-Pierre et Miquelon. Depuis des mois, la presse Canadienne publiait à ce sujet des articles tendancieux. Nous devons à nos braves alliés une reconnaissance infinie, que nous espérons bien leur témoigner dans l'avenir autrement que par des paroles. Mais la seule satisfaction qu'il nous soit impossible de leur accorder, c'est de refuser, à l'après-guerre, la qualité de Français — qui est aujourd'hui un véritable titre de gloire aux yeux du monde entier — à une petite population courageuse, française depuis toujours, qui entend garder son titre et qui a fait dans la guerre actuelle les plus nobles sacrifices pour le conserver. Plus de cinquante Saint-Pierrais sont actuellement morts pour la patrie, ce n'est pas précisément le moment de proposer à leur famille de changer de nationalité.

Depuis longtemps, comme membre de la Commission de la Marine Marchande et Vice-Président de l'Association des Armateurs et Patrons de Pêche, notre attention avait été appelée sur cette question infiniment délicate. Que pouvait-on craindre ? C'est que sur une proposition d'échange de territoire, le Parlement, mal renseigné sur les services énormes que nos possessions n'ont cessé de rendre à notre industrie de la pêche, se laisse aller à accorder une satisfaction économique à des alliés qui ont tous les droits à notre reconnaissance,

Il fallait nous méfier de. notre bon cœur, qui avait ses raisons pour nous conduire tout doucement à une injustice. Aussi, avons-nous cru devoir prendre l'initiative de grouper tous les amis de Saint-Pierre pour prendre position et parer à tout danger, si c'était nécessaire.

Un de nos meilleurs amis du Parlement, qui avait eu la même idée et auquel le temps manquait pour la réaliser en raison du poste d'honneur qui lui était confié, — M. Abrami, député de Boulogne, — nous apporta immédiatement, en qualité de représentant de notre premier port de pêche, le concours le plus dévoué et le plus désintéressé. C'est à lui que nous devons les premiers éléments de documentation, qui nous ont permis de mener à bien ce modeste travail. Grâce à la précieuse collaboration de M. René Ferry, sous-chef de bureau du Ministère des Colonies, qui a contribué à l'établissement de cette brochure par ses connaissances et le résultat de ses recherches. Pour les compléter et les mettre au point, nous nous sommes ensuite adressé à nos armateurs à la grande pêche, à MM. Daygrand, Saint-Mleux, de Boismen u de Saint-Malo, Le Borgne de Fécamp, M. Joseph Huret de Boulogne, au dévoué Secrétaire de nos Associations Maritimes M. Maurice Cabs, et tous ces Messieurs ont rivalisé de zèle et de bonne volonté pour nous procurer les renseignements nécessaires et nous permettre d'éclairer tout d'abord la question, de façon à ne laisser place à aucun malentendu.

C'est — pour l'instant — notre unique but en laissant à l'*Union des Intérêts Economiques de Saint-Pierre et Miquelon* le soin de parfaire notre œuvre. Car il ne s'agit pas seulement de garder Saint-Pierre à la France, il s'agit d'en tirer parti, *tout le parti possible*, qui aura sa répercussion immédiate sur la prospérité économique de nos grands ports de pêche, Boulogne, Saint-Malo, Fécamp, Bordeaux, etc.

Pour conjurer la crise alimentaire, qui durera peut-être

encore de longs mois après la guerre, il faut demander leur maximum de rendement aux richesses incalculables de la mer.

C'est l'idée que nous nous sommes efforcé de défendre toujours à la Commission de la Marine Marchande. C'est la réalisation de cette idée que nous poursuivons ici aujourd'hui. Et le jour où nous réussirons — comme nous l'espérons, à bref délai, après avoir procuré à l'alimentation le poisson nécessaire — à le conserver et à l'expédier sans dommage dans les contrées les plus reculées de la France entière par des procédés de congélation nouveaux empruntés à nos grands maîtres en matière de pêche — les Scandinaves — nous aurons la conviction dans notre modeste sphère, d'avoir rendu un service précieux et indéniable au pays tout entier...

C. T.

Saint-Pierre : Le port au mois de juin.

Saint-Pierre et Miquelon
et les Projets de Rattachement à Terre-Neuve

I.

Comment se pose la question du rattachement de Saint=Pierre et Miquelon à Terre-Neuve dans la presse américaine et dans la colonie.

La question du rattachement est autre chose qu'une manœuvre diplomatique allemande.

Le 24 avril 1917, plusieurs journaux français, en particulier le *Matin*, ont publié la note ci-dessous, dont l'allure officieuse ne saurait guère être mise en doute.

UN MENSONGE BOCHE. — *A propos de Saint-Pierre et Mique-lon.* — Contrairement à certains bruits d'origine allemande qui ont circulé dans la presse étrangère, il n'est nullement question de l'abandon par la France des îles Saint-Pierre et Miquelon en vue de leur rattachement à la colonie anglaise de Terre-Neuve.

Dans tous les milieux français intéressés, ce démenti a naturellement produit une excellente impression. L'affirmation quasi-officielle qu'à cette date aucune négociation n'avait été entamée, comme on avait quelques craintes et même quelques raisons sérieuses de le penser, en vue du rattachement de notre petite colonie à Terre-Neuve, représentait en effet une indication précieuse et réconfortante.

Par contre, la phrase du début représentant la question du rattachement de Saint-Pierre et Miquelon à Terre-Neuve comme des bruits d'origine allemande ayant circulé dans la presse étrangère n'a pas été accueillie sans une certaine réserve.

Que des organes allemands aux gages d'une diplomatie sans scrupules et constamment en éveil aient, en effet, enregistré avec complaisance des informations se rattachant à cette question, les aient commentées et mises en vedette dans l'intention de réveiller de vieux sujets de dissentiments entre la Grande-Bretagne et la France, la chose est trop naturelle pour surprendre. Mais représenter, comme le communiqué ci-dessous paraît le sous-entendre, la question du rattachement de Saint-Pierre à Terre-Neuve comme un bruit tendancieux, sans fondement, c'est vraiment traiter bien à la légère un état d'esprit, presque un mouvement d'opinion qui existe depuis longtemps déjà à Terre-Neuve et même au Canada, c'est presque méconnaître un fait historique.

L'idée de rattachement procède des conflits ayant existé de tout temps entre Terre-Neuve et Saint-Pierre.

Les rapports de Terre-Neuve et de Saint-Pierre ont été, de tout temps, extrêmement tendus et il serait à peine exagéré de dire que leur histoire se résume dans le récit des mesures de représailles que les gouvernements respectifs des deux colonies, se sont ingéniés à prendre l'un vis-à-vis de l'autre pour gêner réciproquement l'industrie des pêcheries dans la colonie concurrente et voisine.

Les discussions à perte de vue qui se sont produites à propos du French Shore et de l'exercice de nos droits sur la côte Terre-Neuvienne, le Bait-bill par lequel les Terre-Neuviens en 1886 décidèrent d'interdire aux pêcheurs étrangers — dans l'espèce les pêcheurs français — la vente de la boëtte aussi bien que l'Hazen Act voté au Canada et interdisant de vendre du charbon aux navires de pêche à vapeur, le régime des primes à l'armement et à la pêche instituées par les lois françaises de 1851-1860-1870-1880 et du 31 juillet 1890 ont marqué au cours du dernier siècle les principales étapes de cette âpre rivalité économique.

Il était par suite fatal qu'au cours d'événements mettant ainsi aux prises deux groupements d'intérêts aussi déterminés à assurer leur prééminence, l'idée naquit chez l'un d'eux d'éliminer l'autre par voie d'achat ou d'annexion. Et c'est en effet ce qui s'est produit. Il y a bien longtemps que l'achat de Saint-Pierre et Miquelon fut préconisé par le sénateur américain LODGE, au profit des Etats-Unis.

Plus tard, ce fut le Canada qui revendiqua le bénéfice de l'opération. Au lendemain de la signature de l'accord franco-anglais du 8 avril 1904, consacrant l'abandon de nos droits sur le French Shore en compensation d'acquisitions territoriales en Afrique Occidentale et Centrale, le Canada, écrit M. SUCHETET, ancien député de la Seine-Inférieure, dans une intéressante étude critique de la convention, exprima ses regrets de voir ces îles rester à la France, tandis que la population Terre-Neuvienne cachait moins que jamais ses velléités d'absorption. « Pour compléter notre satisfaction et notre orgueil, dit à ce moment à propos de l'accord, son premier ministre en délégation à Londres, *il n'y manque que l'annexion des îles Saint-Pierre et Miquelon.* »

Ces projets de rattachement remontent donc à une époque déjà ancienne et il était naturel qu'au cours du conflit mondial actuel alors qu'on se trouve à la veille de faire subir à la carte du monde, des remaniements territoriaux considérables que ces idées d'annexion et de rattachement aient repris une vigueur nouvelle et éveillé des espoirs de réalisation.

C'est donc une erreur de considérer ces projets comme une pure manœuvre diplomatique allemande et ce serait tromper grossièrement l'opinion française que de les lui représenter sous cet aspect.

Le rattachement de Saint-Pierre et Miquelon est une idée qui compte des partisans nombreux et on a le devoir de l'examiner d'une manière très sérieuse afin de ne pas être pris de court et de ne pas se trouver un jour en face d'un mouvement d'opinion irrésistible qui nous conduirait tout droit à l'abandon d'un de nos plus précieux établissements d'outre-mer.

Comment la question a été posée dans la presse Américaine.

Pour préparer l'opinion, les partisans du rattachement paraissent, au cours de ces dernières années, avoir adopté une ligne de conduite nouvelle et, il faut le reconnaître, assez habile.

Renonçant à affirmer ouvertement leurs projets annexionnistes, fondés sur la nécessité de mettre un terme à une rivalité commerciale qu'ils considèrent comme dangereuse pour leurs intérêts, ils ont fait depuis deux ans en particulier dans la presse américaine, une campagne qui s'inspire, en général, des idées suivantes : Saint-Pierre et Miquelon n'est plus que le dernier vestige d'un grand empire colonial français en Amérique du Nord ; cet établissement est aujourd'hui à peu près sans utilité réelle pour la France. L'industrie de la pêche s'y exerce dans des conditions tellement défectueuses et coûteuses qu'elle n'offre plus d'intérêt vraiment sérieux, à ceux qui s'y livrent encore. A Terre-Neuve, sur les côtes du Canada, les pêcheurs disposent d'un outillage moderne et perfectionné, qui fatalement ruinera définitivement à bref délai les pêcheurs français. Depuis des années déjà, la pêche à Saint-Pierre se débat au milieu de difficultés multiples, malgré tous les sacrifices que le Gouvernement français s'impose pour lui venir en aide et la protéger. Ne vaudrait-il pas mieux s'entendre et terminer à l'amiable par voie d'échange et de compensations faciles à trouver pour un aussi mince objet, le long processus d'événements qui s'est déroulé depuis le début du xviie siècle et suivant lequel la France s'est trouvée éliminée de l'Amérique du Nord, du Canada, de Terre-Neuve, récemment encore du French Shore ?

Telle est la thèse. On la trouve plus ou moins clairement exprimée dans tous les articles de journaux parus récemment à ce sujet.

Quelques articles de la presse Américaine.

C'est ainsi qu'à la date du 20 mai 1916, on a pu lire dans le *Shipping Illustrated*, de New-York, un article dont voici le début et où l'idée d'annexion se trouve très habilement rattachée au compte rendu de négociations ayant eu lieu entre la France et Terre-Neuve à propos du ravitaillement de la France en harengs :

On est en train de discuter dans les cercles officiels comme résultant des conditions nouvelles créées par le conflit européen, l'acquisition de la colonie de Saint-Pierre et Miquelon par Terre-Neuve. L'idée a été suggérée au cours des récentes négociations qui ont amené le Gouvernement de Terre-Neuve, en raison de la pénurie de poisson en France, à un adoucissement des dispositions de la loi connue sous le nom de Bait Act. Cette loi, qui a été mise en vigueur en 1886, interdisait la vente du hareng aux pêcheurs français habitant Saint-Pierre. Par suite de la guerre, la France a rappelé tous ses pêcheurs de la côte de l'Atlantique, ce qui a eu pour résultat de produire une crise aigüe des arrivages de poisson en ce pays. Des

Saint-Pierre : Rade du Gueydon.

représentations ont alors été faites au Gouvernement de Terre-Neuve et en raison des circonstances, il a été décidé de permettre aux acheteurs de Saint-Pierre de se procurer du hareng à Terre-Neuve à la condition que ce poisson ne serait pas employé à faire de la boëtte, mais exclusivement à des fins d'alimentation. On compte que dans les tout prochains mois des milliers de barils de harengs seront expédiés de Terre-Neuve à Saint-Pierre.

On estime dans certains cercles que cette concession préparera les voies à une révision de toute la question des pêches après la guerre et peut-être à des négociations en vue de l'acquisition de Saint-Pierre par Terre-Neuve. Il a déjà été parlé officieusement de ce projet, mais il n'a pas trouvé d'écho dans les cercles du Gouvernement français à cause de la valeur de la petite colonie de pêche qui constitue une véritable école d'entraînement pour les équipages de la marine de guerre française.

L'auteur de l'article glisse rapidement sur ce point délicat, mais donne aussitôt après d'assez nombreux détails sur Saint-Pierre en insistant sur le peu d'importance de sa population, sur l'exiguïté territoriale de notre établissement dans le but très évident de montrer que la France n'a vraiment pas de raisons sérieuses à faire valoir pour entendre conserver une colonie si pauvre, *alors que depuis de très longues années — il le dit en propres termes — cette colonie a été comme une épine au pied de Terre-Neuve.*

Si l'on en croit l'auteur de cet article, rien d'ailleurs ne plaide en faveur de nos droits sur Saint-Pierre. La vie des pêcheurs y est elle-même des plus pénible et précaire et leur industrie en pleine voie de décroissance :

Dans ces dernières années, le nombre des bateaux de pêche appartenant à des propriétaires de Saint-Pierre a accusé une diminution constante. Ils étaient montés par des Normands et des Bretons qui venaient sur des voiliers souvent surchargés de façon dangereuse. Pour porter remède à cet état de choses il fut interdit, par un décret français, d'embarquer plus de deux personnes par chaque trois tonnes de jauge brute, équipage compris, sur tout navire faisant la traversée entre la France et Terre-Neuve. Il est possible que cette limite maximum ait été suffisante au point de vue de la sécurité, mais elle n'a pas été favorable à un grand bien-être à bord des petits voiliers.

D'une façon générale (1), les bateaux appartenant à des

(1) On remarquera l'usage qui est fait de l'imparfait par l'auteur dans tout le passage. Il semblerait à le lire qu'il s'agit de détails concernant une industrie passée, ayant existé autrefois, mais qui ne revivra certainement plus dans l'avenir.

propriétaires de Saint-Pierre étaient de construction américaine ou canadienne et très supérieurs au point de vue des aménagements aux bâtiments français construits dans la métropole. Ces derniers appartenaient pour la plupart aux ports de Cancale, Saint-Malo, Saint-Servan, Granville, Fécamp, Paimpol, Binic, Dahouet. Les chalutiers à vapeur venaient de Boulogne-sur-Mer et d'Arcachon et étaient pour la plupart de construction anglaise. Les voiliers français quittaient d'habitude leur port d'attache vers la fin de mars ou le commencement d'avril et mettaient de 14 à 45 jours pour faire la traversée suivant le vent et le temps. Les patrons des bateaux de pêche français prenaient bien la latitude, mais n'avaient pas de chronomètres et étaient incapables de déterminer exactement la longitude ; au voyage d'aller, ils pouvaient toutefois se rendre compte par des sondages du moment où ils étaient arrivés sur les bancs et, au retour, ils pouvaient calculer *grosso modo* leur position en traversant les routes de vapeur qui convergent vers la Manche. Les pêcheurs français ne sont pas rémunérés par des salaires fixes, mais sont payés aux parts sur la capture effectuée et on estime que la moyenne de leur gain ne dépasse pas 150 frs par homme pour sept mois de risques et de pénible travail. Les bancs de Terre-Neuve toutefois sont le champ d'entraînement des équipages de la marine de guerre française et les gens qui composent ces équipages sont des gens si simples que toutes les réformes accomplies en leur faveur dans ces dernières années ne sont pas venues d'eux, mais ont été préconisées par les œuvres de mer dont le navire-hôpital visitait les bancs chaque année et apportait son assistance matérielle et morale à tous les besoins des pêcheurs. D'une façon générale, les conditions matérielles de la vie à bord des bateaux de pêche français ne sont pas très différentes de celles qui existaient quand la pêche commença à Terre-Neuve en 1512.

Nous ne nous arrêterons pas à réfuter les erreurs et les exagérations manifestes contenues dans cet article, nous préférons en citer un autre emprunté au *New-York Herald* du 19 février 1917 et où on retrouve sous une forme différente les mêmes tendances.

Il est intitulé : « *Discussion projetée sur les changements à apporter dans les territoires de l'Empire britannique* » et porte un sous-titre : « *Les premiers ministres britanniques vont tenir à Londres une conférence sur une nouvelle distribution de ces territoires après la guerre.* »

L'article est daté de Saint-Jean de Terre-Neuve. Le voici *in-extenso* :

On s'attend à ce que des changements d'une très grande importance dans la constitution de l'Empire Britannique d'outre-mer après la guerre soient discutés dans une conférence qui sera tenue à Londres dans la dernière partie de ce mois entre les premiers Ministres des Colonies de la Grande Bretagne, M. LLOYD GEORGE et ses collègues. Sir EDWARD MORRIS est déjà parti pour l'Angleterre. Un membre bien placé du parlement de Terre-Neuve a dit aujourd'hui qu'on poserait probablement à cette conférence la question de la réunion en un groupement unique de l'Australie et de la Nouvelle-Zélande avec les possessions anglaises de moindre importance dans le Sud du Pacifique, y compris les territoires enlevés à l'Allemagne. On y discuterait également l'extension du Commonwealth Sud-Africain en y annexant les colonies allemandes récemment conquises sur ce continent, ainsi que l'absorption de la colonie française de Saint-Pierre par Terre-Neuve et ensuite celle de Terre-Neuve par le Canada.

L'objet de la conférence est en premier lieu de discuter la poursuite de la guerre, les conditions dans lesquelles la paix pourra être conclue, ainsi que les changements qu'on s'attend à voir intervenir dans la situation du commerce et du trafic en douane après la cessation des hostilités. On discutera ensuite la question du regroupement des colonies (ce qui, cela va sans dire, n'ira pas sans difficultés), car il est reconnu qu'elle entraîne avec elle beaucoup de problèmes délicats, mais la discussion des nouvelles conditions commerciales aura pour résultat de mettre cette question au tout premier plan.

Ces conditions, en effet, enlèveront, selon toutes apparences, à la colonie de Saint-Pierre une partie de la valeur qu'elle avait autrefois pour la France.

Les chalutiers à vapeur du Grand Banc qui ont déjà tiré à eux une bonne part des gains des goélettes de pêche de Saint-Pierre, menacent après la guerre d'empiéter sérieusement sur la source principale de revenus de l'Ile et de lui couper ainsi plus que jamais tout commerce avec sa mère-patrie. Terre-Neuve, suivant un membre de son gouvernement, serait heureuse d'acquérir la petite colonie, en échange de laquelle on pense que la Grande-Bretagne pourrait s'arranger pour donner à la France un territoire plus avantageux.

En ce qui concerne l'acquisition de Terre-Neuve par le Canada, les hommes d'Etat Canadiens des deux parties ont déclaré à plusieurs reprises qu'ils étaient prêts à faire des concessions libérales pour amener Terre-Neuve à consentir à faire partie du Dominion. D'un autre côté, l'hostilité d'un élément considérable de la population de la colonie contre tout changement dans sa situation politique est bien connue. Le succès de toutes les négociations qui seront entreprises en vue de ce rattachement au Canada dépendront beaucoup d'une pression financière exercée sur l'île et qui, jusqu'à présent, n'existe pas encore.

On le voit, ici il ne s'agit plus seulement du rattachement de Saint-Pierre à Terre-Neuve, mais même du rattachement de Terre-Neuve agrandie naturellement de Saint-Pierre, au Canada.

Qu'il y a-t-il d'exact dans ces informations et jusqu'à quel point des négociations ont-elles été entamées ? Il est bien difficile d'être exactement renseigné à ce sujet.

Ce serait certainement une erreur de croire que des tractations précises ayant en vue la cession de Saint-Pierre et Miquelon à l'Angleterre aient eu lieu. Le Ministre des Colonies l'an dernier, en présence des bruits de cession prochaine qui circulaient alors un peu partout avec persistance, a cru devoir, par télégramme, les démentir et rassurer la population des îles. On ne saurait mettre en doute la parole d'un membre du Gouvernement.

Mais il serait peut-être quand même bien imprudent de s'imaginer que la question n'a cependant jamais été envisagée, qu'on ne l'a pas agitée d'une manière plus ou moins indirecte, au cours de conversations et qu'il n'existe pas même, au Ministère des Affaires Etrangères, un dossier à ce propos.

C'est un sujet qui tient trop au cœur depuis longtemps au Gouvernement de Terre-Neuve pour qu'il en soit autrement et la ténacité avec laquelle il a toujours poursuivi les buts de sa politique ne nous permet pas de traiter à la légère un problème aussi grave.

Avant de retracer l'émotion soulevée à Saint-Pierre par ces projets de rattachement, rappelons encore que c'est en avril 1917 que parut dans la revue *The New Europe* un article remarqué posant devant l'opinion coloniale britannique la question des échanges territoriaux auxquels la France et l'Angleterre auraient intérêt à procéder au moment des négociations de paix. Dans cet article, une sorte de réglement général des comptes était proposé, consistant essentiellement à arrondir le domaine français en Afrique en échange de compensations accordées à la Grande-Bretagne et à ses Dominions dans les autres parties du monde. On y envisageait l'attribution à la France de tout ou partie de la Gambie, de Sierra-Leone, du Togo et peut-être même de la Gold-Coast.

En échange, la France abandonnerait Tahïti et les Marquises à la Nouvelle Zélande, les Nouvelles Hébrides à l'Australie et à l'Inde, c'est-à-dire à l'Angleterre elle-même les principaux éta-

Saint-Pierre : Les goélettes de pêche en hiver.

blissements français de l'Inde ; Saint-Pierre et Miquelon serait, au cours de tout ce remaniement de notre empire colonial, tout naturellement rattaché à Terre-Neuve.

Retenons encore parmi tous les articles de journaux et de revues ayant de près ou de loin abordé la question, une interview parue dans un journal terre-neuvien *The Plaindealer*. En avril 1917, cet organe local eut l'idée d'interviewer l'archevêque de Saint-Jean, S. G. Edward ROCHE sur le rôle de l'île et de ses habitants pendant la guerre ; le journaliste qui l'interrogea n'eut garde d'oublier de lui parler de la question du rattachement des deux îles à Terre-Neuve.

La déclaration de l'archevêque fut naturellement très prudente, mais elle mérite d'être retenue : « S. G. E. ROCHE se déclara incapable de dire si la guerre aurait pour conséquence d'incorporer à Terre-Neuve Saint-Pierre et Miquelon qui sont aujourd'hui les seules possessions de la France dans l'Empire du Nord qui autrefois fut le sien. Mais c'est plutôt anormal, dit l'archevêque, d'avoir ces deux îles françaises si près de nous ; dans le temps passé, lorsque la France jouait un rôle important dans les pêcheries de Terre-Neuve — ce qui a duré, vous vous en souvenez, jusqu'à ce qu'un traité ait réglé cette situation il y a quelques années — Saint-Pierre et Miquelon faisaient de bonnes affaires avec les pêcheries, mais l'ancienne prospérité de ces villes est bien diminuée et peu de bateaux y viennent maintenant. En raison de l'importance plutôt réduite de ces îles, il serait possible qu'après la guerre, la France consentit à nous les céder étant donnés les nouveaux rapports d'amitié existant entre l'Angleterre et la France. »

Inquiétude causée dans la Colonie par cette Campagne de Presse.

La question du rattachement de Saint-Pierre et Miquelon à Terre-Neuve est donc autre chose qu'un *bruit d'origine allemande*. C'est une question qui est discutée publiquement, préconisée par de nombreux publicistes et hommes politiques américains et anglais, qui est envisagée sur place par des esprits pondérés, comme une chose rentrant dans le domaine des possibilités réalisables au moment du règlement qui s'opèrera entre nations après la guerre.

Toutes ces informations, tous ces articles de journaux créant un véritable mouvement d'opinion et reflétant en même temps une

manière de voir et des tendances très répandues dans le public canadien et américain, ont eu pour conséquence, — on l'imagine aisément, — de causer à Saint-Pierre et Miquelon une émotion des plus vives et un très réel malaise.

L'impression produite par toute cette campagne de presse fut même d'autant plus pénible que dans le même temps le Gouvernement décida d'interdire l'exportation des morues, ce qui eut pour résultat de priver en fait les pêcheurs Saint-Pierrais de la prime allouée par la loi du 26 février 1911 aux morues séchées dans la colonie et exportées à l'étranger.

Au cours de ces trente dernières années la Colonie avait eu déjà de nombreux sujets de mécontentement à l'égard des pouvoirs métropolitains.

L'affaire du Bait-Bill en 1886 avait ouvert la série. On croit généralement — et peut-être n'est-ce pas à tort — que si à ce moment le Gouvernement Français avait su parler plus haut et plus ferme au Gouvernement Britannique, celui-ci n'aurait pas laissé, comme il l'a fait, le Parlement local de Terre-Neuve prendre cette mesure qui avait pour but évident de ruiner les pêcheurs de Saint-Pierre en les privant de la boëtte indispensable à la pêche.

Puis était venue l'affaire de l'application à la colonie du tarif douanier métropolitain de 1892, un véritable non-sens économique, qui, pendant de longues années jusqu'à la loi de novembre 1912, a pesé lourdement sur la population de Saint-Pierre et Miquelon toute entière et sur l'armement local en particulier, obligeant les armateurs Saint-Pierrais à faire venir de France tout leur matériel, à le payer plus cher que dans les pays voisins, plus cher même que dans la métropole en raison des frais de transport, de l'irrégularité des communications, etc...

La colonie subissait les tristes conséquences de ce système ruineux pour son industrie, quand, en 1904, la Convention Franco-Anglaise vint lui porter un nouveau coup. Sans doute les droits que les pêcheurs français possédaient sur le French-Shore ne leur étaient plus depuis longtemps, d'une grande utilité ; en fait nos nationaux n'exerçaient plus guère leur privilège de pêche dans les eaux territoriales et de sécheries de poisson sur la côte, mais cette renonciation de nos droits entraîna cependant des inconvénients qui furent à l'époque signalés à la tribune du Sénat et de la Chambre par les voix les plus autorisées.

Quand dans les premiers mois de guerre, on vit le Gouvernement interdire l'exportation de la morue de Saint-Pierre comme de France, l'inquiétude fut bientôt à son comble dans la colonie. La campagne de presse relative au rattachement de Saint-Pierre à

Terre-Neuve battait son plein. Les Etats-Unis préparaient alors l'achat des Antilles danoises et manifestaient l'intention d'évincer les Hollandais de la Guyane affirmant ainsi leur désir d'éliminer progressivement toutes les influences européennes survivant encore sur le continent américain. On se demanda ce qu'il allait advenir également de Saint-Pierre.

Sans doute aux termes de la loi du 25 février 1911, il était entendu que cinq ans après sa mise en vigueur les primes de 20 fr. les 100 kilos allouées aux morues sèches à destination des pays étrangers et de 15 fr. les 100 kilos allouées aux morues salées en barils ou en caisses, seraient diminuées de 10 %. Mais cette réduction on s'y attendait dans une certaine mesure, on s'y était préparé, tandis qu'avec l'interdiction d'exportation prononcée par le Gouvernement pour d'impérieuses raisons de défense économique et de transports maritimes, c'était la ruine et on pensa que les pouvoirs métropolitains faisaient à nouveau bon marché des intérêts vitaux de la colonie. L'émotion fut considérable.

Le 15 mars 1917, le Président du Syndicat des Armateurs à la Grande et à la Petite Pêche adressa aux membres de ce Syndicat la lettre suivante qui résume avec une triste précision la situation et les inquiétudes de la colonie :

Mes chers Amis et Collègues,

Vous n'ignorez pas que dernièrement à la suite d'une décision aussi brusque qu'inattendue, la prime qui est allouée par le Gouvernement aux morues séchées dans la colonie et exportées à l'étranger vient d'être supprimée.

Il n'est pas besoin de longues phrases pour vous faire comprendre que cette mesure, si elle est maintenue, aura pour résultat la ruine complète de notre pauvre pays, elle rendra impossible la petite pêche dont vous vivez, vous et les vôtres, au prix de quels labeurs, de quels dangers incessants, elle obligera bien des familles qui, jusqu'à présent, avaient peiné, pour maintenir nos droits sur ce rocher aride, à abandonner la lutte et prendre à leur tour le chemin de l'exil.

La mobilisation d'environ 400 hommes, dont une bonne partie sont des petits pêcheurs, avait déjà fait un grand tort à votre si intéressante industrie. Cependant, en vrais Français, ce sacrifice avait été accepté sans murmurer. Chacun de vous avait compris que dans la lutte qu'elle soutient pour son existence même, la France avait besoin de l'aide de tous ses enfants.

Je vous ai vus à l'œuvre. Loin de céder au découragement, vous avez redoublé d'efforts, et depuis deux ans ils ont été couronnés de succès. La petite pêche, à peu près la seule ressource qui restât au pays dans ces années d'épreuves, a été fructueuse, et grâce aux prix pratiqués par l'assurance de l'encouragement, de la loi du 25 février 1911, non seulement, vous avez pu faire honneur à vos affaires, mais vous avez dans bien des instances, secouru les familles de vos parents, de vos amis, qui ont dû partir pour faire leur devoir.

Et voilà qu'après trois années de guerre, dont les Saint-Pierrais ont pris leur part glorieuse, au moment où tout est hors de prix, le Gouvernement, obéissant à des considérations que j'ignore, mais qui dans tous les cas semblent bien mesquines, supprime l'encouragement, grâce auquel la Colonie peut vivre.

Vous faudra-t-il assister impassibles à la ruine de notre chère Colonie ? Serez-vous obligés, je l'ai déjà dit, après plus d'un siècle d'occupation, pendant lequel vous et vos ancêtres avez lutté contre vents et marées, pour maintenir ici notre pavillon et nos droits, de prendre le chemin de l'exil pour chercher sur une terre étrangère les moyens d'existence ? Devez-vous voir nos îles passer entre les mains de nos voisins de Terre-Neuve qui, j'en ai la preuve certaine, mènent depuis longtemps une campagne ardente pour s'en rendre maîtres.

Je ne veux pas le croire. Mais, pour que nous puissions nous défendre, pour que nous puissions faire entendre en haut lieu nos justes revendications, nous devons tous être unis, nous devons serrer les rangs et marcher tous ensemble.

C'est pourquoi je vous adresse cette lettre ; vous la signerez tous, je n'en doute pas. Les Municipalités, la Chambre de Commerce agissant de leur côté, nous aurons, j'en suis certain, l'appui de M. l'Administrateur, qui comprend toute l'étendue, toute l'importance qu'a pour nous le maintien de la prime d'encouragement.

Il faut donc, mes chers amis, que le Gouvernement soit mis à même de connaître toute l'étendue du désastre qu'attend nos îles, s'il persiste dans sa décision.

Nous prions M. le Ministre des Colonies de nous aider à obtenir le maintien de la prime à la morue sèche.

Nous lui demandons également de nous donner l'assurance que nos îles, si utiles à la pêche à la navigation, ne passeront pas entre les mains de nos voisins de Terre-Neuve, qui en comprennent toute l'importance.

La veille — 14 mars 1917 — le Président de la Chambre de Commerce, dans un rapport au Conseil d'Administration de la Colonie avait traité la question dans des termes non moins émouvants :

En un moment où la situation économique du pays est plus menacée qu'elle ne l'a été depuis l'ouverture des hostilités, il est de mon devoir de formuler ici quelques remarques relatives aux intérêts généraux de la Colonie...

On nous retire la prime, ce qui équivaut à dire qu'on tue la petite pêche, qu'on écrase définitivement la Colonie...

C'est, il faut le reconnaître, un désastre en perspective, désastre qui sera dû tout à la fois aux circonstances et aussi à l'indifférence de notre propre Gouvernement.

La chose est vraiment pénible ; l'on était en droit de s'attendre à un traitement tout autre et moins brutal.

Qu'était-il besoin de nommer une commission spéciale aux membres nombreux, qui a tenu plusieurs séances, et noirci inutilement beaucoup de papier, pour étudier les moyens de relever le pays, quand pour une misérable économie de quelques milliers de francs, on fruste toute une population de pêcheurs malheureux ?

A quoi donc servent ces appels sonores et répétés en faveur de nos possessions d'outre-mer ?

Et, en définitive, où veut-on en venir ?

Car, lorsqu'on voit un Gouvernement, profiter d'une crise, la plus grave qu'une colonie isolée comme la nôtre du Continent, ait jamais traversée, pour prendre une mesure aussi néfaste que cette suppression des primes, après le tableau attristant fait à maintes reprises de nos misères, l'on se demandé non sans raison, si l'on ne cherche pas habilement à hâter la ruine de cette colonie, pour en faciliter la cession.

Nous ne sommes pas éloignés de croire que les articles de journaux américains, qui reproduisent ceux de la presse canadienne, soient fondés.

Il paraîtrait qu'après la guerre, notre petite colonie, depuis si longtemps convoitée par nos haineux voisins, doit être annexée à Terre-Neuve. Ces derniers ne se lassent pas de le dire, leur gouvernement, dont le premier Ministre serait en route pour Londres dans le but d'y discuter cette question, songerait, malgré une situation obérée et frisant la banqueroute, à acquérir un pays où flotte le pavillon qu'ils détestent entre tous, le drapeau français.

Je ne sais qu'elle importance nous devons attacher à cette campagne à peine éclose, mais avant que nous soyons dans l'obligation de la combattre de façon ferme, j'estime qu'il appartient à la principale assemblée de la colonie de prévenir l'attaque en rappelant dès maintenant au Gouvernement :.

Que malgré le peu de cas qu'on a presque toujours fait d'eux en haut lieu, les Saint-Pierrais veulent néanmoins demeurer Français ;

Que nos Iles sont d'une utilité absolue pour la grande pêche française, laquelle ne manquera pas de prendre après les hostilités, et par la venue des chalutiers en grand nombre, une extension inconnue ;

Que depuis 1816, leurs habitants ont, au prix des plus grandes privations, traîné leur misérable existence pour y maintenir le drapeau national ;

Que les arracher à leur rocher, ou les obliger à s'en séparer, serait les tuer moralement et physiquement ;

Qu'enfin ce serait porter un défi à la justice et au droit pour lesquels meurent glorieusement nos soldats et que réclament bien haut ceux qui ont la charge des intérêts de la nation, que de songer seulement à céder à l'étranger pour quelque raison que ce soit, un petit pays qui vient de donner à la Mère-Patrie le meilleur de son sang.

Les Saint-Pierrais dont beaucoup déjà sont morts pour la France, dont beaucoup d'autres, la plupart, je dirais, se sont couverts de gloire ne méritent pas certes qu'à leur courage et à leur abnégation, le Gouvernement de la République, de l'esprit de justice duquel ils ne veulent pas douter, réponde par la plus noire ingratitude ; celle de livrer leur pays à leurs pires ennemis en temps de paix, à ceux qui, malgré les événements douloureux de nature à amollir les cœurs les plus endurcis et les plus rebelles au bien, cherchent chaque jour à nous nuire, au moyen de procédés mesquins, comme ils n'ont cessé de le faire depuis trente ans.

En définitive, où veut-on en venir ? Telle est l'angoissante interrogation que se posent actuellement tous les Saint-Pierrais.

Il était du devoir du Gouvernement de mettre un terme à cette cruelle incertitude du lendemain en affirmant son intention très arrêtée de rester sourd à toute tentative ayant pour objet de modifier d'une manière quelconque la situation politique de Saint-Pierre et Miquelon. Le Ministre des Colonies a câblé, on l'a vu plus haut, pour démentir les bruits de cession de l'archipel Saint-Pierrais. Mais de quoi demain sera-t-il fait ? Sur les rochers de Saint-Pierre on se le demande toujours non sans inquiétude.

En octobre dernier, dans une adresse signée des maires de la colonie et du Président de la Chambre de Commerce, on voit que la crainte d'être un jour rattachés à Terre-Neuve hante toujours les esprits.

Saint-Pierre et Miquelon, écrivent les signataires de cette adresse, comptent 4.000 habitants. A l'appel de la Patrie en

La pêche à la morue : Le pesage de la morue sur le pont d'une goëlette de pêche.

danger, 600 des nôtres sont partis, plus de 50 sont morts sur les champs de bataille, nombreux sont les blessés et nombreux les infirmes.

A différentes reprises, on a levé de nouveaux contingents ; on reprend à chaque instant les hommes en sursis. Personne ne se plaint, la France a besoin de l'aide de ses enfants, tous sont prêts à mourir pour elle.

Et tandis que les Saint-Pierrais sont tombés et tombent chaque jour sous les coups des barbares, cependant que les non-combattants contribuent, dans la mesure de leurs moyens à la défense de la Nation, l'on aurait songé à céder ou à vendre leur pays.

Est il possible que pareille idée ait germé dans des cerveaux français, surtout en des circonstances aussi tragiques que celles vécues depuis 3 ans.

Comment imaginer une semblable iniquité envers nos vaillants soldats.

Nous l'avons déjà dit, nous avions peine à le croire et nous avions raison, mais nous devons quand même saisir cette occasion de nous élever contre les manœuvres des Terre-Neuviens, avant qu'ils ne les renouvellent, et tel est l'objet de cette modeste supplique.

Comment pourrait-on seulement envisager la cession à l'Angleterre de cette parcelle du territoire français, quand les Armées de la République dans leur lutte acharnée, n'ont qu'un but : le retour à la France de nos provinces perdues, de nos départements brutalement conquis par des vainqueurs sans pitié.

Pour y arriver, il n'est pas un soldat qui ne combattrait jusqu'à son dernier souffle ; et il serait dit que pour se rendre aux exigences sinon de notre grande alliée, mais du moins des Terre-Neuviens qu'elle protége à l'excès, on lui donnerait cet autre petit département français que constitue notre archipel, ce prolongement de la France, ainsi qu'on l'a dénommé souvent et avec raison.

Cette France si éprise de droit et de justice, peut-elle vraiment y consentir ?

Acceptera-t-elle de payer ainsi le dévouement des enfants de Saint-Pierre, et les chassera-t-elle de leurs foyers, comme remerciements du sang qu'ils ont versé pour Elle ?

Le Gouvernement de la République a déjà répondu : « Non. »

Nous l'en remercions en l'assurant de notre dévouement, mais nous voulons, malgré tout, faire appel à vos sentiments de patriotes et à votre cœur.

Vous aimez, Messieurs, comme tous bons Français, la France d'abord, mais aussi votre ville, la bourgade ou le village où vous êtes nés.

Et nous, perdus dans l'Océan, nous n'en affectionnons pas moins notre rocher en dépit de son aridité, de ses brouillards et de ses neiges ! Quel ressentiment bien naturel ne garderions-nous pas envers ceux qui nous en sépareraient ; quel serrement de cœur lorsqu'il nous faudrait le quitter, et nous y serions obligés par les différences profondes existant entre les idées et les coutumes anglaises et françaises ; quel jour cruel serait celui où nous dirions adieu à la maisonnette qui nous a vus naître, où nous avons vécu les heures de joie et de tristesse, de gêne et d'aisance, à ces petits bourgs où nous avons formé nos familles et rêvé de mourir, à nos écoles, à nos clochers, à nos cimetières où reposent des êtres chers, et où nous allons pleurer ceux qui dorment leur dernier sommeil sur la grande terre de France, à laquelle ils se sont généreusement sacrifiés.

Non, Messieurs, si jamais Terre-Neuve revenait à la charge, et si notre Gouvernement paraissait décidé à céder à ses prétentions, votre ratification serait nécessaire ; loin de la donner, nous en sommes sûrs, vous prendriez en considération ce qu'on fait, en la guerre actuelle, les habitants de Saint-Pierre et Miquelon ; vous jugeriez qu'il serait inique qu'on les payât d'une telle ingratitude.

II.

Situation critique de la colonie.

Quand dans la presse américaine on dénonce la crise que traverse actuellement notre colonie de Saint-Pierre et quand on représente celle-ci comme étant d'une importance aujourd'hui très diminuée, on a raison, il faut l'avouer.

Diminution du mouvement commercial.

Lorsque en mars 1911, le Gouvernement déposa sur le bureau de la Chambre le projet de loi ayant pour objet de modifier le régime douanier imposé à la colonie depuis 1892, la situation lamentable dans laquelle la colonie se trouvait déjà à cette époque était indiquée en termes très nets et caractérisée par des chiffres tristement significatifs.

« Notre colonie de Saint-Pierre et Miquelon, lit-on dans l'Exposé des Motifs, traverse depuis quelques années une crise grave ; son commerce, son industrie, sa navigation, ses finances, sa population même, tout est en décroissance.

» Si on examine les chiffres du commerce général, la succession des bonnes et des mauvaises années de pêche y produit des fluctuations qui masquent à première vue, les perspectives d'ensemble ; mais celles-ci apparaissent avec netteté dès qu'on envisage non plus telle ou telle année arbitrairement choisie, mais les moyennes.

» Or la moyenne annuelle du mouvement général des échanges a été, pour les quinze années de 1878 à 1892 inclusivement, de 26.200.611 fr. ; pour les quinze années de 1893 à 1907, elle est tombée à 17.939.065 fr., soit une diminution de 8.362.548 fr., c'est-à-dire plus d'un tiers du total primitif. »

L'application à la colonie du tarif douanier de 1892 fut particulièrement néfaste. Pendant les quatre années qui suivirent la promulgation du Bait-Bill, de 1888 à 1892, le chiffre des importations n'avait guère fléchi que de trois millions ; il atteignait encore plus de dix millions, alors qu'en 1893 l'application du Tarif Général le fit rapidement descendre à 6 millions. Dans cette diminution d'affaires, les importations françaises baissèrent de façon très sensible : en 1891 et 1892, elles s'élevaient à 4 millions, en 1893 et 1894 elles tombèrent à 2.500.000 fr.

Depuis cette époque déjà lointaine le mouvement commercial de nos Etablissements de Saint-Pierre et Miquelon a encore beaucoup diminué. En 1916 il n'a plus atteint que 6.556. 187 frs. Ce chiffre représente une diminution de 4.936. 560 fr., par rapport à celui de l'année précédente, et une moins-value de 4.951.081 fr. sur la moyenne quinquennale 1911-1915.

Pour cette année 1916, le détail de ce total s'établit de la façon suivante : à l'importation les valeurs se sont élevées à 3.629.277 fr. Elles ont été ainsi supérieures de 1.055 447 fr. à celles de l'année précédente et en moins-value de 702.182 fr. à la moyenne quinquennale.

Les exportations ont atteint le chiffre de 2.926.909 fr. en diminution de 5 992 007 fr. sur l'année précédente et en moins-value de 4.258.889 fr. sur la moyenne quinquennale.

La part de la France dans ce mouvement commercial a été de 2.963 868 fr. dont 665.716 fr. à l'importation et 2.298.152 fr. à l'exportation. C'est une diminution totale de 6.119.504 fr. sur l'année précédente ; une diminution de 78.035 fr. à l'importation et une diminution de 6.041.469 fr. à l'exportation.

Le commerce avec les colonies françaises représente 437.467 fr. dont 57.871 fr. à l'importation et 379.895 fr. à l'exportation.

Quant aux échanges avec les pays étrangers, ils se sont élevés à 3.154.572 fr. dont 2.905.690 fr. à l'importation et 248.882 fr. à l'exportation.

En 1917 les statistiques ont enregistré des résultats moins brillants encore.

Décadence de l'Armement local.

Le ralentissement des échanges dans un pays qui, comme Saint-Pierre et Miquelon, tire tout de l'extérieur, devait avoir pour conséquence fatale un fléchissement des industries locales. Celles-ci,

La pêche à la morue : Tranchage du poisson.

grâce à des saisons de pêches fructeuses, demeurèrent cependant assez prospères pendant les premières années qui suivirent l'application du régime douanier de 1892 et une flotille importante continua à donner à la colonie une certaine activité. Dans une communication présentée au Congrès des vieilles colonies en 1909, M. DAYGRAND, président honoraire de la Chambre de Commerce de Saint-Pierre et Miquelon, rapporte qu'en 1900 l'armement local comprenait encore un ensemble de 220 goëlettes montées chacune par un équipage de 16 hommes. Mais bientôt, avec 1903, vinrent les mauvaises campagnes de pêche qui amenèrent une décroissance rapide de l'armement.

Le nombre des goëlettes, qui était encore de 206 en 1902, s'abaissa à 180 à 1903, en 1904 il tomba à 147 et à 107, puis à 105 en 1905 et 1906 ; les années 1907 et 1908 donnèrent cependant de bons résultats, mais le chiffre des goëlettes locales n'en descendit pas moins à 71 et même 54.

Au cours de ces dernières années, la situation de l'armement local est devenue plus précaire encore. En 1909, 1910 et 1911, il s'est produit une période de stagnation, 43, 49 et 50 bateaux, mais en 1912 le nombre des goëlettes est tombé à 40, puis à 29 en 1913 et 24 en 1914.

Etant donné que la pêche représente toute la richesse de l'île, ces chiffres sont significatifs et pourraient dispenser de donner d'autres indications sur la situation économique et financière de la colonie à l'heure présente.

Situation budgétaire.

Le budget local a présenté naturellement les mêmes signes de décadence générale. Depuis 1899 les recettes locales ont subi une marche sans cesse descendante. Abstraction faite des subventions de la métropole, des prélèvements sur la caisse de réserve et des recettes d'ordre, les produits du budget local ont été les suivants :

1889	501.911 fr. 37
1894	462.430 fr. 75
1899	411.730 fr. 89
1904	450.673 fr. 30
1909	398.766 fr. 68

Entre 1899 et 1904, il parait s'être produit un léger relèvement, mais c'est le résultat de l'effort exceptionnel fait, à la suite de la loi de finances du 13 avril 1900, pour incorporer dans le budget local les dépenses de souveraineté dont la métropole assumait antérieurement la charge ; des impôts nouveaux, comme le droit de statistique, furent institués ; d'autres,comme les droits de consommation et les droits de navigation, furent créés. Malgré tous les efforts qu'on a pu faire, la situation budgétaire ne s'est pas sensiblement améliorée.

Les recettes de douanes, qui étaient encore de 260.387 fr. 45 en 1894, sont tombées à 106.156 fr. 42 en 1909, et les impôts directs qui s'élevaient à 52.620 fr. 83 en 1889 n'atteignaient plus que 28.933 fr.06 en 1909.

Seuls les droits de navigation ont continué à alimenter le budget local, mais leur tarif, en passant de 1 fr. par tonneau en 1893, à 1 fr. 35 en 1895, à 2 fr. en 1901 et à 3 fr. en 1902, n'a pas tardé à soulever les protestations les plus vives et les plus justifiées d'ailleurs de la part des intéressés et spécialement de la Chambre de Commerce,

En 1911, le Parlement a même dû intervenir et accorder une subvention spéciale pour permettre la réduction à 2 fr. 50 d'un tarif qui menaçait de devenir presque prohibitif.

Si bien que le tableau tracé en 1911 par le Gouvernement lui-même reste vrai encore aujourd'hui : « Le commerce est en décroissance, les industries locales en voie de disparition, le budget est en détresse ; seules les charges publiques demeurent à peu près stationnaires. »

Emigration de la population.

Comment vivre sur un coin de terre aussi déshérité ?

Beaucoup de Saint-Pierrais y ont renoncé et, au cours de ces dernières années, ont quitté l'Ile sans esprit de retour pour revenir en France ou aller se fixer à Terre-Neuve ou sur les côtes du Canada. En 1902 la population sédentaire de Saint-Pierre et Miquelon comptait 6.432 habitants, en 1908 il n'y en avait plus que 4.708, en l'espace de six ans 1.774 personnes, soit plus du quart de la population, avaient abandonné leur île natale ; triste et significatif symbole d'une vie devenue vraiment trop misérable !

III.

De multiples raisons s'opposent à la cession de Saint=Pierre et Miquelon.

Est-ce à dire, comme on se plait à l'affirmer à Terre-Neuve et au Canada, que la colonie soit devenue sans valeur pour la France et qu'on ne doive plus que se préoccuper de la manière la plus avantageuse de s'en débarrasser ?

Evidemment non. On ne saurait protester trop haut contre tout projet qui ferait état de la décadence présente de notre établissement de Saint-Pierre pour en envisager la cession.

Les îles de Saint-Pierre et Miquelon doivent rester françaises pour de multiples raisons.

Toutes nos traditions historiques s'opposent au rattachement.

Il y a d'abord, pour qu'il en soit ainsi, une question d'amour-propre national et en quelque sorte une tradition historique.

L'archipel Saint-Pierrais est, en effet, tout ce qui nous reste de nos anciennes et vastes possessions d'Amérique du Nord, et son histoire a subi pendant des siècles toutes les fluctuations de notre domination dans ces régions, tous les contre-coups des luttes que nous y avons soutenues.

La France se doit à elle-même de maintenir son drapeau sur cet archipel que tant de liens séculaires rattachent à la métropole.

« Pendant tout le temps que l'île de Terre-Neuve appartint à la France, dit M. BALLET dans son intéressant ouvrage sur la grande pêche à Terre-Neuve, aucun essai de colonisation ne fut tenté à Saint-Pierre et Miquelon, les deux îlots restèrent désertés et nos pêcheurs n'y descendaient que par hasard ; ils n'y trouvaient rien en effet qui put les attirer, et fuyaient, au contraire, contre les dangers qu'ils couraient dans leurs parages. En 1713, Saint-Pierre et Miquelon passèrent aux Anglais comme dépendances de Terre-Neuve et sans qu'il fut rien stipulé à leur égard ; les deux parties contractantes n'y attachaient en effet aucune importance. La France conservait encore l'île du Cap-Breton et le Canada où nos bateaux pouvaient aller relâcher pour se ravitailler ou se réparer. Mais quand l'Angleterre mit la main sur ces contrées pour nous les enlever comme elle avait fait de Terre-Neuve, le gouvernement français dut se préoccuper d'assurer à nos pêcheurs un port de relâche et de ravitaillement à proximité du « French-Shore » et du Banc. C'est alors que par le traité de 1763 le roi de la Grande-Bretagne nous rétrocéda les îlots stériles et déserts de Saint-Pierre et Miquelon, mais à la condition expresse qu'il n'y serait établi aucun ouvrage militaire et que la garnison n'y dépasserait pas 50 hommes.

» Le 14 juillet 1763, le baron de l'Espérance fut chargé d'aller prendre possession de ces îles au nom de la France et en 1764 et 1765 se fondaient les premiers établissements français qui consistaient en pêcheries.

» En 1778, lors de la guerre de l'Indépendance américaine, les Anglais s'emparèrent de Saint-Pierre et Miquelon dont ils détruisirent de fond en comble toutes les habitations ; en même temps ils forcèrent les habitants, dont on pouvait évaluer le nombre à 1.200 ou 1.300, à se réfugier en France, espérant ainsi en avoir fini avec la concurrence française.

» Contrairement à leur attente, la paix de Versailles du 3 septembre 1783 nous rendit notre petite colonie et, cette fois, la cession se fit sans aucune réserve. Tous les habitants qui avaient été obligés de quitter les îles y furent ramenés aux frais de l'Etat et les habitations se relevèrent en même temps que l'industrie de la pêche reprenait rapidement.

» La guerre de 1792 vint, encore une fois, détruire les espérances des colons ; le 14 mai 1793, les Anglais s'emparaient à nouveau de l'Ile et en chassaient les habitants qui durent se réfugier une seconde fois en France.

» Le traité de Paris du 30 mars 1814, qui restitua à la France ses pêcheries du French-Shore de Terre-Neuve, lui rendit en même temps Saint-Pierre et Miquelon. Le 22 juin 1816, cent vingt des anciennes familles Saint-Pierraises étaient par les soins du Gouvernement transportées dans nos deux petites îles où elles se répartissaient en deux groupes : à Saint-Pierre et à Miquelon. »

Elles y ont vécu depuis en toute tranquillité et pendant de longues années elles y ont prospéré grâce à la pêche de la morue, la seule industrie de l'île, affirmant en toutes circonstances, malgré des difficultés de vie sans cesse croissantes, leur profond attachement à la France et leur foi inébranlable dans la communauté de leurs destinées avec celles de la Mère-Patrie.

Les Saint-Pierrais l'ont bien montré d'ailleurs depuis quatre ans en combattant aussi bien dans les tranchées que dans notre marine de guerre avec un courage qui ne l'a cédé en rien à celui de nos plus vaillants compatriotes, et ne serait-ce pas d'une suprême injustice qu'au moment de la paix la France consentît à abandonner à une nation étrangère, même à une nation alliée, l'une de ses plus vieilles colonies ?

L'Intérêt de notre Marine s'oppose à la cession de Saint-Pierre et Miquelon.

D'ailleurs l'intérêt général lui-même de la métropole s'oppose également à l'abandon de Saint-Pierre et Miquelon. On a répété maintes fois que les pêcheries de Saint-Pierre sont pour les marins de notre flotte marchande une merveilleuse école d'entraînement.

Rien n'est plus exact et il est à peine besoin de le démontrer. Il est bien peu de jeunes Bretons, Normands ou Basques qui, avant d'être inscrits maritimes et d'embarquer sur les bateaux de guerre ou de commerce français, n'aient servi à bord des goëllettes de pêche terre-neuviennes ou islandaises. C'est sur les bateaux de Dieppe, de Cancale, de Fécamp, de Saint-Malo, que des milliers de jeunes Français apprennent chaque année le rude métier de marin, qu'ils acquièrent la pratique de la mer, que leurs corps s'endurcissent à la fatigue, que leurs cœurs s'aguerrissent, qu'ils prennent la *touche* des vrais marins.

Plus tard, leur service terminé, c'est sur les mêmes bateaux de Terre-Neuve qu'ils continuent à servir et à entretenir leurs précieuses qualités d'endurance physique, leur sang-froid devant le péril et cette tranquille audace qui fait du marin français un être si remarquable à tant de points de vue.

Tous ceux qui ont vécu dans les différents ports de notre littoral normand et breton ont assisté au départ de ces légions de pêcheurs venus de tous les points de la côte de Cancale, Saint-Malo, Dinan, Saint-Brieuc, Paimpol, Tréguier, Fécamp, etc..., qui chaque année à des époques à peu près fixes quittent la France pour aller, au milieu de dangers de toutes sortes, exploiter les bancs soit à bord de bateaux armés en France pour la pêche, soit à bord de transports spéciaux qui les déposeront à Saint-Pierre où là ils embarqueront sur les goëlettes des armateurs de l'archipel. Avant la guerre, chaque année, près de 10.000 marins partaient pour la grande pêche et tous, patrons, graviers, pelletas, avant-de-doris ou mousses, étaient de fiers gars rompus aux travaux de la mer que notre marine a été heureuse de trouver il y a quatre ans à l'heure du danger, quand il fallut dans la Manche, dans la Méditerranée, en Orient, voire même sur l'Yser, faire face à l'envahisseur. Supprimer cette école d'entraînement serait porter un coup fatal à notre armée de mer dont les intérêts sont ainsi directement solidaires de ceux de l'industrie de la grande Pêche.

Tous les gouvernements qui se sont succédés en France depuis plus de deux siècles l'ont parfaitement compris ; tous les encouragements accordés à la Grande Pêche, soit sous forme de primes en espèces ou de subventions, soit encore sous forme d'exonération de certains impôts portant sur le sel employé à la préparation du poisson, sur les engins étrangers employés pour la pêche, sur les boissons et autres consommations de bord, n'ont pas eu au fond d'autre objet que de favoriser autant cette industrie que la marine nationale elle-même.

Aujourd'hui le Gouvernement demande instamment aux armateurs d'acheter des navires, d'en construire, de faire preuve d'initiative pour l'après-guerre. Tous se sont déclarés prêts à agir dans ce sens avec la plus patriotique énergie et les pourparlers les plus sérieux ont été engagés. A quoi bon les pousser dans cette voie si demain on devait leur enlever leur base d'opérations et du même coup fermer l'école où ils recrutent leur personnel ?

Saint-Pierre, centre de nos pêcheries sur les bancs.

Au surplus l'importance de notre établissement ne se mesure pas au nombre des kilomètres carrés de sa superficie. Au retour d'une enquête effectuée [sur place pour le *Journal des Débats* en 1903, M. Robert de Caix a écrit à ce sujet des pages très pittoresques et fort heureusement décrit ce rocher de Saint-Pierre qui ne serait sans doute habité que par des cormorans et des plongeurs s'il n'avait pas fallu trouver dans cette partie du monde un point où accrocher nos grandes pêcheries.

Certes les îles de Saint-Pierre, de Miquelon, de Langlade, les ro-

La pêche à la morue : Embarquement du sel sur une goëlette de pêche.

chers de l'île aux Chiens n'ont rien de séduisant. Ces terres sont
ingrates entre toutes.

« Saint-Pierre, a dit M. DE CAIX, n'est qu'un désert rocheux et
tourbeux de 6 ou 7 kilomètres de diamètre ; au Sud-Est, l'île se
prolonge par une région basse et presque plane où un grand nombre de Saint-Pierrais entretiennent un carré de pommes de terrre,
de choux ou de radis ; mais les surfaces cultivées sont une minuscule exception, presque une violence faite à la nature. A chaque
pas, dans cette île, la roche crève la couche de terre végétale, des
gelées interminables, séparées par un trop petit nombre de beaux
jours, aggravent encore le peu de dispositions qu'ont partout les
roches cristallines des terrains primitifs à engendrer par leur dé-
composition un sol fertile. Dans les creux de cette terre bossuée,
des aunes, des sapins, des genévriers forment une brousse inextri-
cable d'arbres nains qui semblent ne pas oser s'élever dans l'air
hostile et restent cramponnés au sol sur lequel ils rampent de
toutes leurs branches..... L'été fait bien ouvrir des fleurs et rou-
gir des baies sur la végétation rare et chétive, mais c'est un été
bien incertain et changeant. L'hiver ou tout au moins un automne
maussade semblent s'attarder dans les jours caniculaires sur ce
pays situé à peu près sous la latitude de la Touraine. Au milieu
d'une belle journée, une barre blanche monte sur la mer : c'est le
brouillard qui quelques instants après va encapuchonner l'île, les
ravins prennent alors des airs de gléens écossais, la hauteur réelle
des pentes se perd, les ravins de cet îlot se creusent et s'élargis-
sent comme les vallées d'un grand paysage de montagnes.

» Sans doute, les deux îles jumelles de Miquelon et de Langlade
valent un peu mieux avec leurs 21.500 hectares couverts en partie
de terres cultivables. Mais elles sont à peine habitées et reliées
d'une matière insuffisante à Saint-Pierre où s'est concentrée presque toute la population autour du seul port naturel de la colonie...

» La ville de Saint-Pierre ne se présente pas comme les petits
centres de la côte voisine de Terre-Neuve, légères traînées de
maisons blanches éparpillées sur tout le pourtour d'une baie. C'est
une véritable agglomération, une ville qui relève légèrement en
amphithéâtre le groupe de ses maisons de bois au fond du port.
Bien longtemps avant d'entrer dans ce dernier, « le Barachois », on
longe des rives animées. A l'est, c'est le long village de petits pêcheurs de l'Ile-aux-Chiens ; à l'ouest, c'est la route du Cap à-l'Aigle.
serpentant sur le revers escarpé de la haute terre de Saint-Pierre,
avec sa série de villas et de magasins d'armateurs. En même temps
que la terre, l'eau s'anime ; on dépasse toute une flottille de navires à voile, à l'ancre : goëlettes locales, bricks et trois-mâts métro-

politains, si différents, avec leur voilure carrée, des schooners d'outre-Antlantique. Devant ce spectacle on s'explique l'admiration avec laquelle les Terre-Neuviens du Sud parlent de Saint-Pierre. — *It is quite a thing*, « c'est tout à fait quelque chose », — devenu pour eux depuis le vote du Bait Bill, comme une cité interdite. Au débarcadère, il est vrai, l'illusion de vie intense s'atténue, car il y a là plus de badauderie que d'activité véritable...

» Néanmoins Saint-Pierre est bien une ville, pourvue de magasins couvrant des espaces considérables, d'installations de toutes sortes qui toutes se rattachent directement ou indirectement à la pêche à la morue. Entre les mains de Terre-Neuve, ce coin de rocher n'aurait sans doute porté que quelques cabanes de pêcheurs. Entre les mains de la France, réduite dans l'Amérique du Nord à ce minuscule débris d'empire, il est devenu le point d'appui nécessaire d'une industrie qui depuis des siècles a occupé bon an, mal an une dizaine de mille d'hommes. Et à cette circonstance politique, artificielle, elle doit une vie dont l'importance relative frappe l'arrivant au premier coup d'œil. »

Saint-Pierre, en tant que ville et en tant que colonie, ne vit donc que par la pêche et pour la pêche, et on a vu que depuis plusieurs années elle coûte plus à la métropole qu'elle ne lui rapporte, c'est une colonie qu'il faut sans cesse aider et subventionner sous diverses formes, mais y renoncer de gaîté de cœur serait porter un coup funeste à notre marine tout entière et abandonner une station navale précieuse dans l'Amérique du Nord, à un moment où précisément toutes les grandes nations s'efforcent de s'en réserver sur tous les points du monde.

La situation de Saint-Pierre peut redevenir florissante par une transformation scientifique des méthodes de pêche.

Les considérations qui précèdent mériteraient déjà à elles seules qu'on se refuse à toute discussion ayant pour objet de porter atteinte à l'existence de notre établissement; mais il en est encore une autre plus importante qui milite en faveur du maintien intégral de notre souveraineté dans cette partie de l'Amérique du Nord : c'est que Saint-Pierre et Miquelon peut, si on le veut sérieusement, devenir un magnifique champ d'exploitation pour nos armateurs et rapporter des bénéfices sérieux.

Pour cela, le moyen est simple : il consiste à transformer nos méthodes de pêche et à y apporter tous les perfectionnements que l'expérience et la science modernes mettent à la disposition des pêcheurs ét des armateurs.

Il faut bien le reconnaître, malgré un certain nombre d'améliorations réalisées au cours des trente dernières années, les procédés de pêche encore en usage sur les Bancs sont restés encore très archaïques. Sans doute, des bateaux plus grands, plus confortables que ceux de jadis ont été aménagés pour la grande pêche, sans doute au point de vue sanitaire et moral des progrès sérieux ont été réalisés pour le plus grand bien des pêcheurs, mais tout ce qui a été fait dans cet ordre d'idées n'a que fort peu modifié le résultat de chacune des campagnes de pêche.

Quoiqu'il s'agisse là de choses en général très connues, peut-être n'est-il pas superflu cependant de donner ici aussi brièvement que possible un aperçu des conditions dans lesquelles nos pêcheurs français et Saint-Pierrais pratiquent la pêche à la morue sur les Bancs. Qu'on nous permette cette parenthèse, qui a pour but d'éclairer ce qui sera indiqué plus loin sur la pêche par chalutiers, qui est la forme perfectionnée et d'avenir de la grande pêche à Terre-Neuve.

Les procédés de pêche à la morue sur les bancs de Terre-Neuve ont peu varié depuis des siècles (1) ; la morue est capturée au moyen de lignes de fond qui sont amorcées avec une boëtte variable suivant la saison et que les pêcheurs vont mouiller le soir et relever chaque matin.

Quand on est arrivé sur les Bancs et qu'on a déterminé l'emplacement où la pêche a des chances d'être fructueuse, le capitaine procède au tirage au sort entre les patrons des doris du bord, des tentils ou secteurs de pêche que chaque patron de doris conservera pendant toute la durée de la campagne de façon à éviter toute contestation.

Puis on se met en quête de boëtte.

La question de la boëtte a, de tout temps, été essentielle pour la pêche sur les bancs de Terre-Neuve. La morue est un poisson vorace, mais capricieux et avec lequel, suivant les saisons, il convient de changer d'appât. Pendant les premières semaines de pêche, on emploie le bulot qui est une sorte d'escargot de mer, puis, vers le milieu de juin, apparaît le capelan, enfin, au début de juillet, l'encornet, sorte de petit calmar, remplace le capelan. L'encornet donne ordinairement jusqu'au mois d'octobre, époque à laquelle les bateaux quittent les Bancs.

(1) Pour toutes ces questions techniques et pratiques, voir *Massenet*, Technique des grandes pêches maritimes, Paris 1913.

Le hareng, les moules, les coques servent également de boëtte, mais nos pêcheurs y trouvent des inconvénients ; de plus, les passages de harengs ne sont pas très réguliers, quant aux moules et aux coques, on ne les trouve pas sur place en quantités suffisantes, il faut aller les chercher à Saint-Pierre ou à Halifax et ordinairement salées en barils.

On conçoit toutes les difficultés auxquelles nos pêcheurs se heurtent pour se procurer la boëtte qui leur est nécessaire pour pêcher la morue. Le capelan est un petit poisson qui passe sur les bancs et vient s'échouer sur le sable le long des côtes où on le capture avec des sennes, mais,comme il faut le guetter jour et nuit,les Américains et les pêcheurs St-Pierrais seuls peuvent l'employer. Les pêcheurs métropolitains ne peuvent perdre leur temps à une pêche de ce genre d'ailleurs très fatigante. Quant à l'encornet, il est assez rare qu'on puisse, même dans les meilleurs jours, en pêcher suffisamment pour boëtter toutes les lignes.

Seul, le bulot se rencontre à peu près partout et à toute époque en quantité suffisante pour satisfaire à tous les besoins, encore ne constitue-t-il pas une boëtte parfaite à tous égards. Sa chair coriace n'a pas pour la morue le même attrait que l'encornet, ni même le capelan ; de plus le boëttage aux bulots est très long. Il faut commencer par ecraser les coquillages, puis garnir chaque hameçon en ayant soin d'enlever les débris de coques qui resteraient adhérents à la chair, d'où perte de temps sensible, en outre la bave du coquillage, en collant aux doigts surtout si le froid est vif,rend le pêcheur maladroit.

On s'explique donc que la grande préoccupation des pêcheurs ait toujours été de se procurer de la boëtte en quantité suffisante, à un prix abordable et sur place, de façon à éviter des frais et des pertes de temps.

C'est là pour eux une question essentielle qui domine toutes les autres même celle de la pêche proprement dite, car, sauf de très rares exceptions, la morue est abondante sur les bancs et sa capture, quand l'état de la mer et les courants sont favorables, ne présente pas de grosses difficultés pour des pêcheurs expérimentés et connaissant bien les parages.

La pose et la levée des lignes est pourtant une opération pénible. Vers 5 heures du soir, on va tendre les lignes, qui sont munies de deux bouées et de deux ancres, c'est l'avant-de-doris qui les jette pendant que le patron guide l'embarcation au moyen de son compas sans s'écarter de son aire de vent. Quand les lignes sont en place, le patron du doris prend soigneusement le relèvement de son navire du poste de la bouée du bout ; puis les hom-

Ile aux Chiens : Doris et habitations de pêcheurs.

mes rentrent à bord. Le lendemain matin, à l'aube, on va relever les lignes. On comprend combien la brume et les changements de courant rendent périlleux ce genre de pêche. Souvent le cornet à brume du bord ne s'entend pas à plus d'un mille et dès lors le patron de doris est conduit à estimer sa route pour trouver sa bouée de bout muni seulement du vague renseignement suivant : le courant tourne comme le soleil et fait un tour complet en 24 heures environ. Quand, après de vains efforts, il n'a pu trouver la bouée du bout, le dorissier en est réduit à prendre sa bouée du bord. Mais alors, il peut se trouver fort éloigné de son navire et si le courant ou le vent deviennent forts, les deux hommes du doris sont impuissants à faire avancer l'embarcation surchargée et c'est la mort certaine s'ils ne rencontrent pas un autre navire sous le vent (1).

Si l'on ajoute à ces difficultés quotidiennes l'épais brouillard qui règne si souvent dans ces parages et qui cache le grand paquebot transatlantique qui coule la barque sans même souvent, hélas, s'en apercevoir, l'iceberg qui s'en va à la dérive et cause d'innombrables disparitions, on aura un très mince aperçu des dangers que ces procédés de pêche archaïques occasionnent chaque année à nos malheureux pêcheurs. On comprend leur découragement lorsqu'ils n'ont plus pour les accepter avec résignation l'appât d'un gain appréciable ; ce qui a été précisément le cas au cours de ces quinze dernières anéées où la campagne de pêche ne rapportait guère plus d'une douzaine de cent francs à chaque homme. Comment s'étonner alors que la grande pêche soit de plus en plus délaissée pour d'innombrables industries plus fructueuses et moins périlleuses, et qu'à Saint-Pierre l'armement local, ne pouvant lutter contre l'armement métropolitain pourtant bien peu rémunéré, ait dû presque entièrement disparaître ?

La pêche au chalut.

Pourtant quelques années avant la guerre, le remède est apparu et si l'on voulait bien après la guerre y songer sérieusement, la solution de la crise actuelle ne serait pas longue à trouver ; il suffirait pour donner à l'industrie de la grande pêche toute la prospérité qu'elle mérite de remplacer les procédés en usage jusqu'ici par la pêche au chalut par navires à propulsion mécanique.

(1) Massenet, op. cit., et Bellet, op. cit., passim.

L'avenir est assurément aux chalutiers et c'est cette pêche qui, seule, peut rendre à Saint-Pierre toute sa prospérité.

Le chalut est un grand sac triangulaire à mailles appropriées à la dimension des poissons que l'on veut capturer et qui, remorqué par un bateau, est traîné soit sur le fond, soit à la surface ou entre deux eaux.

Le chalut à plateaux employé pour la grande pêche mesure une trentaine de mètres de profondeur, à son extrémité est un réceptacle à mailles fines dans lequel vient s'accumuler le poisson. L'appareil est remorqué par deux câbles en acier qui sont déroulés au moyen d'un treuil placé sur le pont dans le milieu du navire. Les chalutiers possèdent deux jeux complets de chaluts, un à chaque bord, mais, dans la pratique de la pêche, on ne mouille qu'un seul chalut.

Pendant que le navire fait route vers les parages où doit s'effectuer la pêche, le chalut est disposé sur le bordage du navire. Lorsque celui-ci a atteint les lieux de pêche, le patron fait exécuter de nombreux sondages pour s'assurer que la profondeur et la nature du fond permettent de chaluter, puis, si le résultat des observations est favorable, on stoppe la machine et on jette le chalut à la mer. Sous l'action de la vitesse restante, les plateaux s'écartent tandis que l'appareil arrive au fond. Il ne reste plus qu'à régler la vitesse du navire (2 ou 3 nœuds ordinairement) pour donner au chalutier la vitesse convenable sur le fond. La poche du chalut capture et emprisonne tout le poisson rencontré. La durée de la traîne dépend de la profondeur à laquelle on pêche, des dimensions du chalut et de la saison. Elle varie entre 3 et 6 heur es.

Le dragage terminé, il n'y a plus qu'à amener le poisson sur le pont par une série de manœuvres appropriées et avec précaution de façon à ne pas le détériorer, puis à le laver et à le préparer.

On imagine sans peine tous les avantages de cette pêche. Pour s'y livrer, il n'est plus aucun besoin de boëtte, toute préoccupation de ce fait disparaît. Elle exige peu de monde. L'équipage d'un chalutier ordinaire ne comporte pas plus de 25 à 30 hommes. Les risques de mer sont réduits et les frais ne sont pas exagérés d'autant que les produits étant en général abondants, les bénéfices sont rémunérateurs.

A partir de 1910, plusieurs sociétés de pêche métropolitaines l'ont compris et ont commencé à envoyer des chalutiers à vapeur sur les bancs de Terre-Neuve. On en a compté 12 en 1910, 10 en 1911, 14 en 1912, 16 en 1913 et 26 en 1914. Il n'est pas douteux que c'est dans cette voie qu'est l'avenir de la grande pêche à Terre-Neuve,

Sans doute la présence simultanée de·chalutiers et de voiliers sur les Bancs a amené de suite des réclamations parmi les armateurs à la voile. Il ne pouvait guère en être autrement. Ceux-ci sont très souvent d'anciens matelots, d'anciens maîtres de pêche ayant acquis leur navire par leur travail et par leur épargne et on comprend qu'il leur soit très pénible d'être concurrencés par des sociétés qui arment des chalutiers à vapeur au moment même où la pêche rapportait déjà fort peu. Du jour où des chalutiers ont été employés sur les bancs des risques nouveaux sont en outre apparus. Le chalut à vapeur promené sur les bancs où les doris ont tendu leurs lignes vient souvent les couper et détruire ainsi le gagne-pain des petits pêcheurs. De plus les marins des voiliers employés par les doris à la relève des lignes perdent leur point de repère par la disparition des bouées et risquent souvent, dans la brume, de ne plus retrouver leur bâtiment, de ne plus pouvoir reconnaître leur direction et d'aller à la dérive (1). Des pertes d'hommes et d'embarcations se sont ainsi produites au cours de ces dernières années. En outre, un vapeur qui traîne un chalut sur les fonds devient moins maître des manœuvres par le fait même du poids de l'appareil de pêche qu'il doit ainsi remorquer. De là naissent des dangers d'abordage avec les voiliers.

Dans un autre ordre d'idées, on reproche à la pêche au chalut d'être susceptible de devenir ruineuse pour l'industrie de la pêche à la morue elle-même en ce sens que les chaluts en pêchant jour et nuit capturent non seulement d'énormes quantités de morues marchande, mais des myriades de petites morues que leurs filets à mailles trop étroites retiennent avec les gros poissons qui sont ensuite rejetées comme inutilisables. Avec les chalutiers, on irait ainsi à la longue vers la destruction certaine des bancs eux-mêmes.

Il s'ensuit que, depuis que les chalutiers ont commencé à fréquenter les Bancs, on réclame une réglementation de la pêche au chalut. Mais s'il est démontré, ce qui est fort possible, que les griefs énoncés contre la pêche au chalut sont justifiés en partie tout au moins, rien ne s'oppose à ce que des mesures de police maritime appropriées soient prises pour déterminer en particulier leur aire d'action, la grosseur des mailles des filets, le temps de pêche, etc., tout cela ne dépasse pas la compétence d'une administration prévoyante et sage. Les opérations des chalutiers ne seraient d'ailleurs pas entravées par une réglementation de ce genre de pêche, celle-ci ne saurait constituer une gêne pour

(1) Rapport de M. A. Delmont au Congrès des Vieilles Colonies, octobre 1909.

l'industrie nouvelle, si elle s'inspire d'une pensée de prudence et tient compte de la situation réelle des pêcheurs. La pêche en rivière est, du reste, soumise à des règlements spéciaux, pourquoi n'en serait-il pas de même de la pêche à la morue ?

Ces considérations sont, par suite d'ordre secondaire et les avantages de la pêche au chalut sont au contraire tels, que c'est sur elle que les efforts des armateurs doivent désormais se porter.

Nos établissements de Saint-Pierre et Miquelon — et ce point mérite de retenir l'attention d'une manière toute particulière — sont sans aucun doute appelés à y trouver une source de bénéfices extrêmement sérieux et de nature à leur donner une prospérité incontestable.

Dans l'état actuel, notre petite colonie est en pleine décadence pour la raison très simple que l'armement local est dans l'impossibilité de lutter sur les bancs avec l'armement métropolitain qui est mieux outillé et que par ailleurs l'armement métropolitain ne lui rapporte rien ou presque rien.

Tant que l'armement local était prospère et aussi tant que les goëlettes bretonnes, normandes ou basques venaient relâcher à Saint-Pierre, y acheter du matériel, des engins de pêche, des vivres, de la boëtte fraîche, le commerce et l'industrie de Saint-Pierre ont fait de bonnes affaires. Non seulement les pêcheurs Saint-Pierrais gagnaient convenablement leur vie mais, aussi les forgerons, les calfats, les charpentiers, les voiliers, les poulieurs ; la pêche donnait du travail à tous, même à une biscuiterie et à une fabrique de vêtements cirés pour les marins.

Au contraire, le jour où les armateurs métropolitains prirent l'habitude d'armer pour la pêche sur les bancs des voiliers suffisamment grands pour emporter avec eux tout ce dont l'équipage pouvait avoir besoin pendant toute la campagne, les affaires commencèrent à péricliter sérieusement. Les seuls clients qui restèrent au commerce et à l'industrie de Saint-Pierre furent les pêcheurs Saint-Pierrais et comme ceux-ci ne pouvaient, abandonnés à leurs propres moyens, lutter contre la concurrence des armateurs métropolitains dont les moyens d'action étaient infiniment plus puissants, leur nombre ne tarda pas à diminuer et ce fut la ruine pour le commerce et l'industrie de la colonie.

Aujourd'hui on en est là. L'armement local est réduit à peu près à rien. Les « graves » où jadis séchaient des milliers de morues sont déserts et l'herbe a envahi les galets de porphyre rose où autrefois on étalait au soleil à chaque saison des milliers et des milliers de morues. Les voiliers métropolitains viennent sur les bancs, mais la morue pêchée est salée et préparée à bord, entassée dans

Un chalutier à vapeur pour la pêche à la morue.

les cales et transportée en France à Bordeaux, à Port-de-Bouc, à Martigue, à La Rochelle, à Nantes où on la fait sécher dans des installations spéciales. Les pêcheurs bretons ou normands ne descendent que très exceptionnellement à terre. Et c'est la ruine de nos établissements contre laquelle ne peuvent à peu près rien, tous les encouragements que l'on voudra imaginer, primes de toutes sortes, subventions, amélioration du régime douanier, etc... Un commerçant ne peut gagner d'argent quand il n'y a pas de client.

Le seul moyen de leur donner de quoi vivre serait de lui rendre des clients et c'est la pêche au chalut qui seule à Saint-Pierre peut opérer ce miracle.

A la différence des voiliers, les chalutiers ne peuvent rester constamment sur les bancs. Ils doivent rentrer au port une fois par mois environ pour y refaire leur approvisonnement de charbon, de sel et y livrer leurs produits de pêche. La place est mesurée dans les chalutiers ; les machines, les soutes, le logement de l'équipage tout autrement aménagé qu'à bord des voiliers restreignent l'emplacement où l'on peut entasser la morue pêchée soit qu'on la sale à bord où qu'on la range dans des cales refroidies artificiellement. Dans un cas comme dans l'autre, il est de toute nécessité de la débarquer à proximité des pêcheries dans un assez court délai pour la préparer et la faire sécher dans les meilleures conditions.

N'est-ce point là fournir à notre colonie les éléments précieux d'industries nouvelles et les moyens d'adapter à des besoins nouveaux les industries déjà existantes, en l'amenant à créer de nombreux établissements pour la préparation du poisson sous toutes ses formes et sa réexpédition sur tous les marchés du monde.

Le marché français de la morue pourrait ainsi ne plus être dispersé sur les différentes places de la métropole mais se trouver constitué à Saint-Pierre.

On conçoit le profit que retirerait notre petite colonie si l'on voulait bien s'orienter dans ce sens et créer là toutes les installations voulues, comme il en existe déjà à Terre-Neuve. Et peut-être les pays voisins le sentent-ils et veulent-ils y parer en supprimant notre présence à Saint-Pierre pour éviter toute concurrence.

CONCLUSION

On a donc tort de croire à la décadence définitive de notre colonie. Si, au lieu de s'entêter à vouloir lutter dans des conditions désastreuses avec les sociétés de pêches métropolitaines avec des moyens tout à fait démodés et en se servant d'engins anciens, les Saint-Pierrais veulent s'entendre avec elles et leur prêter assistance, non seulement, rien n'est perdu, mais une ère de prospérité indéniable s'ouvre pour eux.

Notre conclusion sera brève. Elle découle d'une manière très claire des considérations qui précèdent et qui valaient d'être exposées. Certes, les Américains, les Canadiens, les Terre-Neuviens ont raison quand ils déclarent que notre colonie est actuellement ruinée, mais où ils se trompent, c'est lorsqu'ils la représentent comme étant sans valeur, à moins toutefois que la campagne de dénigrement qui a été rappelée au début de cet opuscule n'ait un but intéressé.

Quoiqu'il en soit, sachons comprendre nos intérêts. Notre établissement de Saint-Pierre et Miquelon doit rester français. Nos compatriotes de là-bas le veulent et la France ne peut pas rester sourde à leur appel. Ce n'est pas seulement son devoir, c'est aussi l'intérêt de sa situation dans l'Amérique du Nord, c'est l'intérêt d'une partie intéressante de son industrie, c'est l'intérêt de sa marine nationale, c'est l'intérêt de son commerce tout entier qui peut, après la guerre, trouver dans ces misérables îlots aujourd'hui déshérités et délaissés un nouvel et puissant élément de prospérité.

BIBLIOGRAPHIE

Bellet (Ad.). — *La grande pêche de la morue à Terre-Neuve.* Paris, Challamel, 1902, in-8º.

Brutails. — *Note sur la question de Terre-Neuve.* Bordeaux, 1903, in-8º.

Caix (Robert de). — *Terre-Neuve, Saint-Pierre et le French-Shore. Question des pêcheries et le traité du 8 avril 1903. Enquête.* Paris, Sté Fse d'imprimerie, 1904, in-8º.

Daubigny. — *Choiseul et la France d'outre-mer après le traité de Paris. Etude sur la politique coloniale au xviiiº siècle. Appendice sur la question de Terre-Neuve.* Paris, Hachette, 1892, in-8º.

Henry (Bénédict.). — *Pêches dans l'Amérique du Nord.*

Kerzoncuf (J.). — *La pêche maritime. Son évolution en France et à l'étranger.* Paris, Challamel, 1917, in-8º.

Massenet. — *Technique et pratique des grandes pêches maritimes.* Paris, Challamel, 1913, in-7.

Seilhac (Léon de). — *Marins, Pêcheurs.*

Suchetet (A.). — *Etude critique de la convention franco-anglaise relative à Terre-Neuve.* Paris, Challamel, 1904, in-8º.

Id. *Notice historique et documentaire sur la question du French-Shore à Terre-Neuve (1713-1899).* Saint-Malo, Bazin, 1899, in-8º.

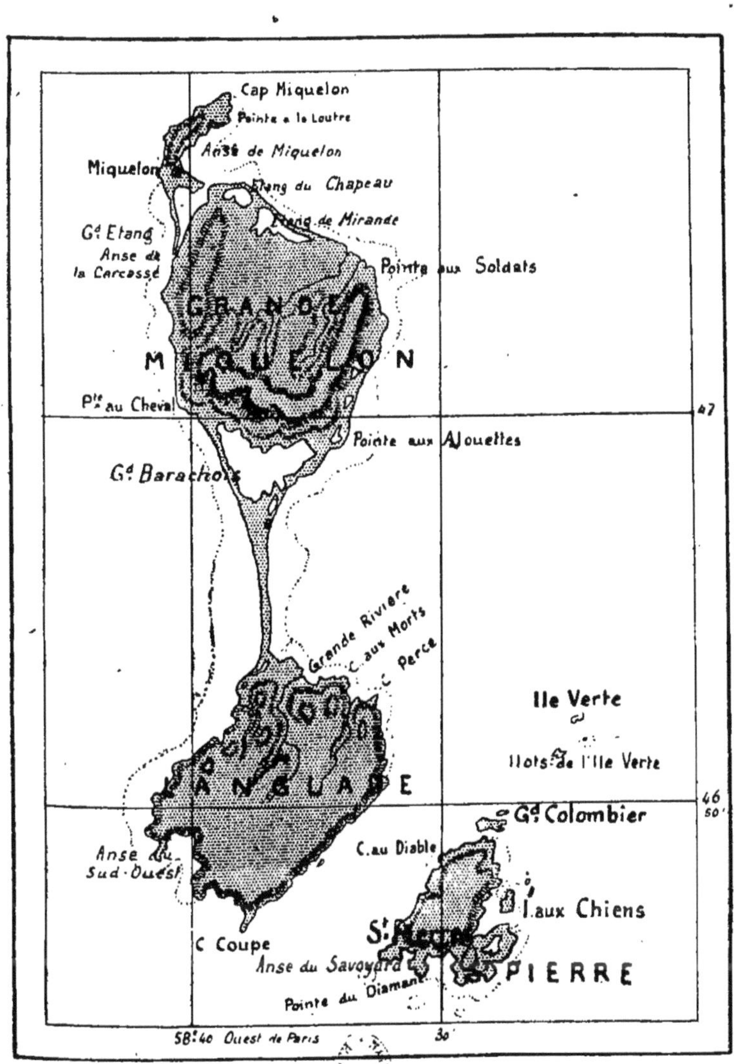

Carte de Saint-Pierre et Miquelon.

ILLUSTRATIONS

	Pages
Bancs de Terre-Neuve	4-5
Saint-Pierre : Le port au mois de juin	8-9
Saint-Pierre : Route de Gueydon	12-13
Saint-Pierre : Les goëlettes de pêche en hiver	16-17
Langlade : La Belle Rivière	20-21
La pêche à la morue : Le pesage de la morue sur le pont d'une goëlette de pêche	22-23
— — Tranchage du poisson	26-27
— — Graviers lavant la morue avant le séchage	28-29
— — Embarquement du sel sur une goëlette de pêche	32-33
Ile aux Chiens : Doris et habitations de pêcheurs	36-37
Un chalutier à vapeur pour la pêche à la morue	40-41
Carte de Saint-Pierre et Miquelon	44-45

TABLE ANALYTIQUE DES MATIÈRES

Pages

AVANT-PROPOS... 5

I. *Comment se pose la question du rattachement de Saint-Pierre et Miquelon à Terre-Neuve dans la presse américaine et dans la Colonie*... 9

La question du rattachement est autre chose qu'une manœuvre diplomatique allemande, p. 7. — L'idée du rattachement procède des conflits ayant existé de tout temps entre Terre-Neuve et Saint-Pierre, p. 10. — Comment la question a été posée dans la presse américaine, p. 11. — Quelques articles de la presse américaine, p. 12. — Inquiétude causée dans la Colonie par cette campagne de presse, p. 17.

II. *Situation critique de la colonie*..................... 25

Diminution du mouvement commercial, p. 25. — Décadence de l'armement local, p. 26. — Situation budgétaire, p. 27. — Emigration de la population, p. 28. —

III. *De multiples raisons s'opposent à la cession de Saint-Pierre et Miquelon*... 29

Toutes nos traditions historiques s'opposent au rattachement, p. 29. — L'intérêt de notre marine s'oppose à la cession de Saint-Pierre et Miquelon, p. 31. — Saint-Pierre, centre de nos pêcheries sur les Bancs, p. 32. — La situation de Saint-Pierre peut redevenir florissante par une transformation scientifique des méthodes de pêches, p. 34. — La pêche au chalut, p. 34.

Conclusion... 42

Bibliographie... 43

Illustrations... 44

Rodez, imp. Carrère (Maison fondée en 1624).